JN122722

チャイルド社では、子育ての悩みごとにお答えする
Q＆Aシリーズを刊行しました。

さて、イソップ童話に、
「北風と太陽」というお話があります。

あるとき、北風と太陽が、旅人のマントを
どちらが早く脱がせることができるか力比べをします。
北風は、力いっぱいに強い風を吹きつけますが、
旅人は自分の身を守るために更に身をかがめ、
必死になって抵抗しました。
一方、太陽が旅人をゆっくりあたたかく照らすと、
旅人は自分から気持ちよくマントを脱いだ、
というお話です。

このお話に、子育てに大切な「幹」が感じられます。

厳しい行動や冷たい言葉、力づくで手っ取り早く
人や物事を動かそうとすると、かえって人はかたくなになる。
それよりも、あたたかくやさしい言葉をかけたり、
安心する状況をつくることで、
人は自分から行動するようになるというものです。

子育ては決して、むずかしくありません。
私たちのこころのなかに、子どもに寄り添う
あたたかな気持ちさえあれば、小さな芽は自分の力でやさしく、
強く育っていきます。

保護者のみなさまのお力になれれば幸せです。

株式会社チャイルド社　出版・セミナー部

CONTENTS

PART 1

学習にまつわる「知りたい」

INDEX

PART 2

生活にまつわり「知りたい」

子育て基礎知識
小学校に つながる学び
学習や生活にまつわる 質問に答えます

小学校入学が近づいてくると
楽しみな反面、
これまでとは違った生活に
うまくなじめるか、
不安も感じますね。

学習についていけるだろうか。
規則正しい生活が送れるだろうか。
集団行動がとれるだろうか。

そんな、入学を前にした
心配ごとの一つひとつに
ていねいにこたえます。

就学準備で大切なこと

　就学を意識するあまり、幼児のうちから国語や算数など教科教育の先取りをさせようと考える家庭も多いようです。しかし、この時期に大切なのは、生活や遊びを通しての学びです。

　子どもは、生活や遊びを通して「学びに向かう力」を育んでいきます。それが、小学校生活での態度や姿勢につながり、就学準備となるのです。

　大切なのは、「教えよう」「勉強させよう」ではなく、「一緒に楽しもう」という親の向き合い方です。

学びに向かう力

達成感　やる気　優しい心　興味・関心

生活習慣　思考力　好奇心　挨拶

健康　粘り強い　表現力

想像力　工夫する

集中力

「学びに向かう力」を身につけるために大切な力

就学準備教育の柱となる「学びに向かう力」には、「聞く力」「伝える力」「やり遂げる力」などが土台となります。家庭でもこれらの力を就学前から意識して育んでいきましょう。

聞く力

座って話を聞けるようになる頃から身につけていきたい力です。人の話を聞く力は、学力に直結しているともいわれます。

「聞く力」を身につけるには

・子どもにとって楽しい話のやりとりを大切にする
・子どもが聞きたいと思う話し方をする
・聞き逃したことで困ることも経験ととらえる

公園に遊びに行くから、
帽子と水筒を
カバンに入れてね

一度だけ言うよ。
よく聞いてね

伝える力

幼児期には、まわりの大人が子どもの気持ちや様子を察して声をかけますが、小学生になると自分で意思を伝えて行動しなくてはなりません。相手にわかってもらいたい気持ちが伝える力につながります。

「伝える力」を身につけるには

・子どもが安心して自分の気持ちを伝えられる環境をつくる
・子どもの話を聞くときは、何かをしながらではなく、できるだけ手を止め、顔を見ながら聞く
・子どもが伝える前に先まわりして言わない

× そんなこと、言わないの！

× 忙しいから後でね

× スマホを見ながら話す

やり遂げる力

一つのことをやり遂げるには、かなりの持続力が必要です。「最後までやりなさい」と簡単に言わないで、取り組む姿を見守ります。

「やり遂げる力」を育てるには

・子どもが興味をもち、「やってみよう」と踏み出したくなることが必要
・急がせず、じっくりと取り組める時間をとる
・結果や仕上がりではなく、過程をほめる

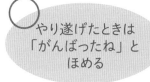

○ やり遂げたときは「がんばったね」とほめる

× 最後までちゃんとやりなさい！

× まだできないの？

学習にまつわる「知りたい」 Q **1**

入学前に勉強させたほうがいい?

小学校に入学して困らないように、準備をさせたいと思っています。数やひらがなのワークブックをさせようか、塾に入れようか、迷っています。

 A 生活や遊びのなかでの学びを大切に

学習には、適した時期があります。早く始めれば早く身につくというものではありません。子どもが主体的に取り組むのではない学習は、子どもの意欲をそぎ、勉強嫌いにしてしまう可能性もあります。

家庭や塾でワークブックなどに取り組むことがいけないわけではありません。大事なのは子どもが興味をもつかどうかです。興味をもつようであれば、ワークブックなどを取り入れてみてもよいでしょう。その場合でも無理強いをせず、子どもにまかせっぱなしにしないで親子で一緒に取り組んだり、丸つけを親子の会話のきっかけにしたりしながら、楽しくおこないます。そして、ワークブック上だけの理解で終わらせず、生活のなかの数や文字にも興味を向けられるようにしましょう。

 基礎知識

文字の教え方

読めるようになってから、書くことに進むようにする。

❶ 子どもが鉛筆を持った上から大人が手をかぶせ、一緒に書いてみる

❷ 自分のわかるところは筆が進むので、かぶせた手にあまり力を入れず、子どもの手が止まったところでリードする

❸ 子どもが自分で書いたという達成感をもつことができるようにする。

学習にまつわる「知りたい」 ②

「ひらがな」に興味をもたせたい

お友だちはひらがながスラスラ読めるのに、うちの子はまだ読めません。ひらがなを教えようと思い、ワークブックを準備して取り組ませましたが、すぐに飽きてしまいました。どうすれば、文字を覚えますか。

 教え込もうと思わず、
文字に親しむことから始める

　幼児期の文字に対する興味は、生活環境や経験で、一人ひとり違います。ほかの子と比べても意味がありません。とはいえ5歳児になれば、興味をもってほしいですね。

　ワークブックでひらがなを練習するのでしたら、まずは読めるようになり、そして子ども自身が「もっと知りたい、書きたい」と思えることが大切です。それにより、「文字がわかって楽しい・うれしい」という気持ちと自信を育てていきます。ひらがなにこだわらず、生活のなかで目にする文字を楽しみながら見つけるようなやりとりから、ほかの文字も「知りたい」と思うように導きましょう。しりとりや言葉探しなどの言葉遊びも有効です。

　また、「あ」から順番に覚えさせようなどと思わないで、まずは子どもの名前から始めてみてはいかがでしょう。「教えよう」ではなく、大人が「一緒に楽しもう」という気持ちをもつことが幼児の学びにつながります。

 基礎知識

ゲーム感覚で数字・文字探し

いろいろな場所、物、場面で文字を探して、「読みたい」という気持ちを育てたい。

・絵本
・新聞やチラシ
・自動車のナンバープレート
・看板や標識
・バス停や駅　など

鉛筆の持ち方を教えたい

最近、お友だちと手紙ごっこを楽しんでいます。一生懸命書いているのですが、どうも鉛筆の持ち方が違うような気がします。正しい持ち方を教えたいと思うのですが、持ち方も、教え方もわかりません。

A 変なくせがつかないうちに、正しい持ち方を教えて

鉛筆の持ち方が悪いときれいに書けないだけではなく、早く書けなかったり、ムダな力が入って手が疲れたりして、小学校に入ってから勉強の集中が続かなくなることがあります。また、いったん変なくせがついてしまうと、直すのは大変です。

正しい持ち方は、教えなければ身につきません。箸を持てるようになったら、鉛筆でなくても、クレヨンで絵を描くときから教えましょう。

一度教えただけでは身につきませんから、持ち方が違っているときはその都度、やさしく手を持って、指の位置を直してあげましょう。くり返しおこなうことが必要です。

持ち方を教えるのと同時に、きちんと座り、左手を紙に添えて、体の正面で書くことを習慣づけられるといいですね。

正しい鉛筆の持ち方

持ち方を覚えるには、三角鉛筆がわかりやすくお勧め。芯の柔らかい４Ｂが書きやすい（とがらせないように注意）。

・親指と人さし指で鉛筆を軽くつまむ

・中指で下から支える

・薬指と小指は軽く握る

・正しい持ち方で、直線や曲線、線つなぎや形をくり返し書いてみよう

絵本を自分で読んでほしいのに…

ひらがなが読めるようになりましたが、絵本を「読んで」と
持ってきます。できれば、自分で読んでもらいたいのですが。

A ひらがなが読めるようになっても
読み聞かせを

　ひらがなが読めるようになっても、一つひとつの文字を追っているだけで、言葉として理解はできていません。また、読み聞かせは、文字が読めないから読んであげるためだけのものではありません。

　幼児は言葉を聞いて覚えていきます。聞いて理解する「聞く力」が身につきます。

　子どもが昨日と同じ絵本を「読んで」と持ってきても、「これ、昨日も読んだでしょう」と言わず、毎日同じ絵本でも読んであげてください。話の内容をイメージできているので楽しいのです。

　小学校の高学年で「国語が楽しい」と感じる児童の多くが「絵本の読み聞かせをしてもらっていた」と言われています。

読み聞かせの本の選び方

年齢にあった本	話の長さや言いまわしがその年齢に合っていると理解しやすい。
日本昔話	日常会話ではあまり使わない言いまわしなど、さまざまな日本語の表現にふれることができる。
いろいろな分野の絵本	科学や歴史など、絵本を通じて子どもの興味・関心の幅を広げるきっかけをつくる。

物が正しくかぞえられない

100まで言えるのに、10個の物でも正確にかぞえることができません。かぞえるたびに「〇個あった！」という数が違います。

A 生活や遊びのなかで
数える経験を重ねていくことが大事

　子どもが「いち、に、さん…」と数を唱えることができると、「すごい、もう数がわかるのね」と考えがちです。しかし、100まで唱えられることと、物の数をかぞえられることは違います。数を表す「言葉」と物の「数」が一致していなくては、数が理解できているとは言えません。

　数の理解は、生活や遊びのなかで数える経験を重ねることで育まれていきます。

基礎知識

数の理解につながる経験

結果を急がず、くり返しの経験で数の感覚を育てる。

拾ったどんぐりをかぞえる

「1，2，3…」と一緒に指でさしてかぞえながら、「いくつだった？」と聞く。

おやつのクッキーをかぞえながらとる

「クッキーを5枚とってね」と言って、子どもがかぞえながらお皿に移す。

たくさんのものを家族に分ける

「パックの中にミニトマトはいくつ入っているかな」と聞き、かぞえたら今度は人数分を同じ数ずつお皿に分ける。

図形に興味をもたせたい

親である私は、計算は得意だったものの図形がずっと苦手でした。子どもには苦手意識をもたせたくないので、できることがあれば早い時期に対策をと思います。

A 「形を教えよう」とせず、つみ木やパズル、折り紙遊びで図形の感覚を育てる

形の感覚は、経験で育ちます。例えば、折り紙やつみ木、パズルなどの遊びがおすすめです。

折り紙は、真四角の紙が等分に折られることで、三角が2つになったり、4つになったりします。折り方によって、長方形や正方形になるといったことも、遊びながら身についていきます。

つみ木遊びでは、立体的なものを反対側からだとどう見えるのか、見えない位置にいくつつみ木があるかということが、自然に理解できるようになっていきます。

パズルは、形の感覚を育てるとともに、完成させた達成感がもっとやってみようという意欲を育てます。「わからない」と助けを求めてきても、自分で最後まで仕上げるように励ましたり、アドバイスしたりする程度にとどめるのがポイントです。

折り紙で形の変化を楽しむ

折り紙さえあれば、どこでも楽しむことができる。まずは簡単なものから始めて、たくさんの経験をつむとよい。

❶ 折り紙を三角に折って見せながら

> 半分に折って
> 三角にしてみよう。
> 四角い折り紙が
> 三角になったね

❷ もう一度広げて見せながら

> もう一度、
> 広げてごらん
> 四角に戻ったね

算数でつまずかないためには?

5歳の娘。小学校に入って算数でつまずかないために、今、できることはありますか。

A 親子の会話で数を意識して使う

　幼児のうちは、いわゆる「学習」ではなく、生活や遊びのなかでの学びを大切にします。例えば、クッキーの数をかぞえて家族に配ったり、お風呂で湯船につかりながら数をとなえたり、お父さんの箸と自分の箸の長さを比べたりなどの経験が、そのまま算数につながる学びとなります。

　また、親子の会話のなかで「合わせていくつになる?」「いくつ足りない?」「ひとり分はいくつ?」「タンスの上から○番目」など、数を意識する言葉をかけていくことで、算数の理解を助ける数の感覚が身についていきます。

え～と…

基礎知識

「集合数」と「順序数」の違い

集合数	かぞえた数の最後の数が、全体の数を表す。
順序数	順番を表す。例えば、上から2番目、前から3列目など。この場合は、最後の数が全体の数である集合数とは違って、そのものを特定する。

学習にまつわる「知りたい」

Q8

書くときの姿勢が悪い

絵や字を書いているときなど、子どもの姿勢が悪いのが気になります。注意をしてもなかなかなおりません。どう教えればいいですか。

A 楽しく根気よく、正しい姿勢を伝えて

字や絵を書くときだけでなく、食事のときや座っているときの姿勢は、幼児期によい習慣を身につけたいものです。特にこれから勉強したり、将来パソコンに向かったり、長い時間机に向かって椅子に座る生活になります。今のうちに正しい座り方を身につけられるよう、「お背中ピン！」などと楽しく合言葉をかけながら根気よく伝えていくようにしましょう。

基礎知識

書くときの姿勢

・机に向かって真っすぐ座る
・足はそろえなくてもよいが、両足をしっかり床につける
・机と体を握りこぶし分の間を開けるようにする
・背すじを伸ばし、顔を近づけ過ぎないようにする
・左手は、紙の上に添える

背中はピン！

おなかはグー！

注意をするのではなく、楽しい言葉をかけながら、足をそろえたり、背中に手を添えて意識できるようにする。

足の裏はピタ！

消しゴムがうまく使えない

消しゴムを使わせてみたら、うまく消せずに紙がよれてぐちゃぐちゃになってしまいました。

A 消しゴムで消すのは、幼児にはまだむずかしい。
急いで与えず、様子を見ながらゆっくりと

大人は、鉛筆と消しゴムをセットで考えがちですが、鉛筆を使い始めた幼児にとって、消しゴムで消すという作業は、むずかしいものです。きれいに消せなかったり、紙にしわが寄ってしまったりすると書くのがいやになってしまいます。

また、消しゴムの香りや形に気が散ったり、消すこと自体が楽しい遊びになってしまうことがあります。

幼児のうちは、できれば消しゴムは与えず、間違えたら横にもう一度書けばよいという気持ちで取り組みましょう。

消しゴムを使うことをすすめない理由

幼児期には消しゴムを使わないほうがよいと考える理由は、以下の通り。

・まずは書くことに集中するため
・一発勝負の心持ちで書くことを覚えてもらうため
・消すことに興味を移させないため
・きれいに消すのは、力の加減がむずかしいため

16

学習にまつわる「知りたい」

指を使ってたし算をしている

塾に通っています。でも、宿題をやっている様子を見ると、指を使ってたし算をしているようです。

 抽象的な数字の計算式ではなく、生活のなかで数を理解していくことが大切

指を使っていることは、いま、そんなに気にすることはないでしょう。それより、子どもが数を理解できているかどうかに注意を向けてみてください。

幼児期は、生活のなかで数にふれて、経験することが大切になります。例えば、ケーキが3個、お皿が3枚など、それぞれ同じ仲間（集合）を見つけることが基本になります。＋ーなどの記号を使うまえに、「同じ」「違い」「多い」「少ない」「足りない」「余る」「分ける」「あといくつで同じ」などの言葉を使って数に親しむことが必要です。

遊びながら数の理解

親子で一緒に、いろいろなパターンで数を声に出して言ったり、物をかぞえてみる。

数を順番に言う	1、2、3、4……
逆に言う	10、9、8、7……
2ずつかぞえる	2、4、6、8、10
5ずつかぞえる	5、10、15、20　　　　　　　など

PART 1

基礎知識

Q10

A

(削除)

学習にまつわる「知りたい」

Q11

書き順を教えたほうがいい?

ひらがなに興味をもち始め、覚えたひらがなを書けるように
なりました。目で見たものをまねているので、書き順は、め
ちゃくちゃです。小学校で教えてくれるから、このままでい
いのでしょうか。

A 小学校で習うひらがなを
確認してから教える

　ひらがなには書き順があり、それは、見た目がきれいに書けるだけでなく、早
く書けて、疲れない書き方です。

　ひらがなは小学校でていねいに教えてくれますが、その前に間違った書き順で
覚えてしまうと直すのが大変です。ぜひ最初から、正しい書き順で書くことがで
きるように教えていきましょう。そのためにも、親が正しい書き順を確認してお
くことが大切です。

　また、小学校では、「教科書体」という字体で習います。親が小学生のころと
は字体が変わっている場合もあるので、小学校で習うひらがなを確認しましょう。

　数字についても、生活で目にする数字と小学1年生で習う数字の形が同じとは
限りません。小学校で習う形を、正しい書き順で覚えておくとよいでしょう。

「教科書体」のひらがなと数字の確認を

初めてひらがなや数字に出会う子どもが混乱しないよう、小学校で習うひらがなや数字の形と書き順を確認しておきたい。「そ」や「4」などは要注意。

教科書体と書き順

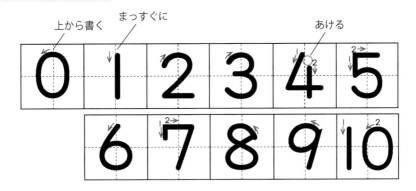

上から書く　　まっすぐに　　　　　　　　　　あける

0 1 2 3 4 5

6 7 8 9 10

わ	ら	や	ま	は	な	た	さ	か	あ
	り		み	ひ	に	ち	し	き	い
を	る	ゆ	む	ふ	ぬ	つ	す	ぐ	う
	れ		め	へ	ね	て	せ	け	え
ん	ろ	よ	も	ほ	の	と	そ	こ	お

19

Message

教育とは、「あなたならできる」と
勇気づけること

Message

お母さんの笑顔は、子どもにとって心の栄養

時計の読み方を教えたい

時間を意識できるよう、時計の読み方を教えたいと思いますが、どう教えればよいでしょうか。

時間の長さの感覚を身につけることから始める

　デジタル時計は時刻を知るためには便利ですが、子どもが時計の読み方を理解し、時間の感覚を身につけるには、アナログ時計がおすすめです。

　時計の針が回るアナログ時計は、長い針が 12 から 1 に進むことで 5 分、6 まで進んだら 30 分、長い針が 1 周まわったら 1 時間…と、時間の長さの感覚を身につけることができます。

　ふだんから、声に出して時間を伝えて時計を見る習慣をつけ、時間を意識するようにしましょう。

生活のなかにアナログ時計を取り入れて

・子どもにわかりやすいシンプルな文字盤で、秒針のある時計を選ぶ
・子どもが見やすい位置にかける
・会話のなかに時計の動きを意識して取り入れる

| 注意 | 時計の読み方を教えるのではないことを念頭に！ |

3 時になったら
おやつにしよう

長い針が
5 のところにいくまでに
片づけよう

長い針も短い針も
上を向いたら 12 時ね。
お昼ご飯を食べようね

次の駅まで
何分かかるかな？

『○○（番組名）』は
6 時 30 分から
始まるね

など

日にちの感覚を身につけるには？

5歳の息子は、「明日は保育園あるの？」「お父さん休み？」「○○のテレビはいつやるの？」など、毎日聞いてきます。小学校に入ってから時間割などが管理できるのか心配です。

A カレンダーを生活のなかで活用していく

　子どもが好きなキャラクターなどのカレンダーを用意してはいかがでしょう。ある程度の大きさがあり、数字や曜日のはっきりしているものを選び、子どもが手の届く位置にかけます。

　そして、「今日は何月何日？」と、カレンダーを指しながらたずねます。

　園の行事や家族の誕生日などに印をつけ、カレンダーを見ながら、その日まで「あと○日ね」などと確認します。

　興味をもつには楽しいことが必要です。子どもと一緒にシールを貼ったりしながら、カレンダーを活用しましょう。教えるのではなく、生活の一部として使っていくことが大切です。

生活のなかで数を意識するための工夫

・時計やカレンダーなどは子どもから見えやすい位置にかける
・大人の心のなかの声を言葉にする

（みかんの袋を手に）
4人なのに
2つ多いわ

あと10分で
洗濯が終わるわ

（料理本を見ながら）
2分間、
ゆでればいいのね

左利きは直したほうがいい?

息子は左利きのようで、食事をするとき、絵を描くとき、ボールを投げるときも左手を使います。小学校入学までに右手が使えるように直したほうがよいでしょうか。

 ストレスになるような無理強いはしないで

　幼児期は、まだ利き手が定まっていないので、右手に持ちかえるように促してみてもいいでしょう。ただし、無理強いは、大きなストレスになるので禁物です。はしを右手で持つことがストレスになり、食事がおいしくなくなったり、楽しくないものになったりしては意味がありません。

　以前は、左利きでは不便なことや、しつけとして右手を使うように修正することが多くありました。最近では、左利きの道具も増え、スポーツでは有利なこともあり、左利きで困ることはあまりないと思われます。

　ただし、筆を使う書道では文字の流れが書きにくいので、可能であれば、書道は右手で身につけることをおすすめします。

左利きの割合

・世界における左利きの割合は、8～15%

・男女別では、女性より男性の方が圧倒的に左利きが多い

・左利きの出現率

> 右利きの父×右利きの母 ⇒ 88%の子どもが右利き
> 右利きの父×左利きの母の場合 ⇒ 73%の子どもが右利き
> 左利きの父×右利きの母の場合 ⇒ 79%の子どもが右利き
> 左利きの父×左利きの母の場合 ⇒ 60%の子どもが右利き

言葉数が少なく、話し方が幼い

5歳ですが、話す言葉が幼すぎると感じます。言葉の数も少ないようで、気になります。

 A 絵本の読み聞かせやしりとり遊びなどで
楽しみながら語彙数を増やす

一般的に、5歳位になると日常会話には不自由しない程度の語彙数が身につくと言われています。しかし、言語能力の発達は個人差が大きいものです。

同じ年齢の子に比べて語彙数が少ないと感じるようなら、親子の会話のなかで意識してさまざまな言葉を使うようにしてみましょう。なぞなぞやしりとりなどの言葉遊びも、楽しく語彙数を増やすことができます。

また、絵本の読み聞かせをくり返すことでも語彙数が増えます。知らない言葉が出てきても、前後の文章のニュアンスから意味が理解できるようにもなります。毎日、少しでもよいので、読み聞かせの時間をつくりましょう。

 基礎知識

日ごろから「書き言葉」を意識して

小学校に入ると、教科書の文章や発言などで「書き言葉」を使う機会が増える。「書き言葉」は、ていねいに話すときにも使う。普段から子どもとの会話に意識して取り入れるようにしたい。

話し言葉	→	書き言葉
「行ったねー、公園」		「昨日、○○ちゃんとママは、公園に行ったよね」
「お水！」		「お水をください」
「寝る時間！」		「○○ちゃんは寝る時間ですよ」

なんでも質問する子。簡単に答えていい?

「なぜ、雨が降っているの?」「どうして、空は青いの?」など、何でも質問してきます。子どもの好奇心は大事にしたいと思い、できるだけ答えるようにしますが、簡単に答えを教えてよいのか悩むようになりました。

A 「どう思う?」と問いかけて 考える感覚を育てる

　子どもにとって、親はいちばん身近にいる大人ですから、子どもは、聞けばなんでも教えてくれると思っています。ですが、少しずつ、疑問に思ったことに対して、自分で考える力を育んでいくようにしたいですね。

　まずは、「よく気づいたね」「不思議ね」と子どもの疑問をほめ、共感します。そして、「○○ちゃんはどうしてだと思う?」と問いかけ、自分で考える感覚を育てましょう。さらに図鑑を一緒に開くなど、いろいろな方法で疑問を解決するサポートをします。

　幼児の学びは「育てる」ことで、必ずしも「教える」ことではありません。子どもの興味に共感し、教えたい気持ちをぐっとこらえ、子どもが考えて答えを出すのを待ちましょう。自分で答えを導き出したときのうれしい気持ちは自信につながります。

考える感覚を育てるための言葉のかけ方

問いかけるとき	子どもの答えには
「○○って何な?」	「そうね。よく知っているね」
「教えて」	「教えてくれてありがとう」
「どうしたらいいと思う?」	「いい考えね」

生活にまつわる「知りたい」

Q6

「できない」とすぐに投げ出す

パズルや折り紙などで遊んでいるとき、ちょっと行き詰まると「できない」と言ってすぐにあきらめてしまいます。最後までやり遂げる力をつけるにはどうしたらよいでしょう。

A 簡単なことから取り組み、「できた」という達成感をもつことから始める

　パズルや折り紙の難易度は子どもの発達に合っていますか？　むずかしすぎる課題だと、途中でいやになることがあります。まずは、かんたんなものから取り組み、「できた」という喜びを感じられるようにしましょう。達成感を実感すると、少しむずかしくてもがんばろうと思えるようになります。また、好奇心もうまれ、新しいものにチャレンジしようという意欲も育まれます。

　ただし、子どもの好奇心は必ずしも長く続きません。すぐに飽きてしまったり、興味をもたなくなったりしますが、しばらくするとまた興味をもつこともあります。

　結果を急がず、一緒に考えたり、応援したりしながら、やる気を育てていきましょう。

基礎知識

やり遂げる課程で必要な力

- じっくり集中して取り組む力
- 諦めないつよいこころ
- 我慢するこころ
- どうすればよいかを考える力
- 冷静なこころ
- 「やってみたい」という好奇心

育てたい力のサイクル

自分のことは自分でできる子にしたい

甘えん坊で、なんでも「やって」と言ってきます。私もついついやってしまいます。これから小学生になるに向けてどうすればいいでしょう。

A 時間がかかっても、自分で取り組むことが大切

　小学校に入ると身のまわりのことも時間の管理も自分でしなくてはなりません。いまのうちに、自分で考えておこなうのは楽しいと感じられるようにサポートを変えていきましょう。

　子どもの自立心を育むには、親は手を出さず、子どもが落ち着いて取り組めるように見守ることが必要です。

　手伝ってあげたい気持ちをぐっと我慢して、子どもが試行錯誤したり、努力したりしているときには見守りましょう。

　ただし、できないときに「わからない」「手伝って」と言うことも大切な手段です。そのときは手を貸しても、全部やってあげるのではなく、最後は自分でできたという気持ちをもてるようにしましょう。

がんばれ…！

基礎知識

自分から行動できる子にするには

・「〜しなさい」という命令や指示は、できるだけ控える

・してほしい行動は、「〜したらどうかな？」と提案する形にする

・「○○と××どっちがいい？」と聞き、子どもが選んで、自分で決められるようにする

生活にまつわる「知りたい」

Q8 落ち着いて話を聞けない

私が大事な話をしようとすると「わかった、わかった」と言って、話から逃げようとします。園でも先生の話をじっと聞くことが苦手なようです。小学校に入ってから、授業で先生の話をきちんと聞いていられるかとても心配です。

 お父さん、お母さんの話、長くないですか？

小学校では、先生の話を最後までしっかり聞くことが大切になりますが、そうした力は、すぐに身につくわけではありません。

身につけるためには、まず親が話し方を工夫しましょう。子どもにしっかり聞いてもらいたい話は、適切な言葉でわかりやすく短く伝えるようします。感情的にならずに根気よく続けましょう。

また、保護者自身も子どもが話しているときには最後までしっかり聞くようにします。何かをしながらではなく、子どもの話を笑顔で聞きましょう。

 基礎知識

しっかり聞く態度を身につける

話を聞いて考える力は、学力に直結している。

・静かに聞く
・話の途中で口を挟まないで最後まで聞く
・話をする人のほうを向き、目を見て話を聞く

ピクニックは重労働 !?

Message
子どもが甘えてきたときは
満足するまで甘えさせて

スタッフ

監修　　　柴田豊幸
執筆　　　相澤妙子
漫画　　　小道迷子
イラスト　種田瑞子
デザイン　ベラビスタスタジオ
編集協力　こんぺいとぷらねっと

チャイルドＱ＆Ａシリーズ
子育て困った！にお答えします
小学校につながる学び

発行日　2019年1月15日　初版
発行人　柴田豊幸
発　行　株式会社チャイルド社
　　　　〒167-0052　東京都杉並区南荻窪4丁目39番11号

ISBN978-4-925258-28-9